Revathi Iyer

O 7º Sentido Liderança Espiritual

Revathi Iyer

O 7º Sentido Liderança Espiritual

ScienciaScripts

Imprint
Any brand names and product names mentioned in this book are subject to trademark, brand or patent protection and are trademarks or registered trademarks of their respective holders. The use of brand names, product names, common names, trade names, product descriptions etc. even without a particular marking in this work is in no way to be construed to mean that such names may be regarded as unrestricted in respect of trademark and brand protection legislation and could thus be used by anyone.

Cover image: www.ingimage.com

This book is a translation from the original published under ISBN 978-620-2-07656-2.

Publisher:
Sciencia Scripts
is a trademark of
Dodo Books Indian Ocean Ltd. and OmniScriptum S.R.L publishing group

120 High Road, East Finchley, London, N2 9ED, United Kingdom
Str. Armeneasca 28/1, office 1, Chisinau MD-2012, Republic of Moldova, Europe
Printed at: see last page
ISBN: 978-620-7-93862-9

Índice

Sobre o livro:

O Dr. C.N Narayana apresenta um novo estilo de liderança baseado no forte alicerce da visão divina do mundo. Este estilo de liderança tece-se no eu interior da procrastinação e da auto-realização, juntamente com a compreensão das qualidades inerentes à divindade que é possuída por todos.

Este livro será um abrir de olhos para os gestores que procuram consolidar as suas competências de liderança sem comprometer os valores, a moralidade e a ética.

Isto traz à tona a evolução de uma nova direção de liderança na educação em gestão e a liberdade de liderar espiritualmente, combinando bom senso e altruísmo.

<u>TAP, TRANSMUTE e TRANSFORM</u>

Prefácio:

"Tudo é divino. Vê tudo como divino. Sabendo que tudo é divino, torna a tua vida divina. Vive divinamente. Levem a Vida Divina e sejam livres!" Swami Chidananda

O Dr. CNN, como é conhecido por muitas pessoas jovens, de meia-idade e idosas, é um líder espiritual da educação em gestão. As suas lições sobre liderança devem ter em conta o facto de que tem de haver um espírito por detrás da liderança e que esse espírito deve ser ético, sem trocas ou vantagens.

As suas ideias de liderança provêm do seu vasto conhecimento não só das escrituras, incluindo uma visão do mundo dos diferentes textos, mas também de recolhas da sua ascendência.

O Dr. CNN é um parente muito próximo da grande e humilde alma, o presidente fundador da Sociedade da Vida Divina, o falecido Swami Chidananda. O Dr. CNN absorveu o verdadeiro espírito da Divindade através de uma associação muito próxima com o Honorável Swamiji e também das suas aprendizagens íntimas sobre o que é liderar espiritualmente sem renunciar a nenhum dos princípios de liderança e também assegurando que cada decisão de liderança é perpetuada pelo retorno das partes interessadas.

Através do seu estilo de liderança, provou que é possível manter os princípios de liderança ditados pelos gurus da gestão e, ao mesmo tempo, não se desviar daquilo a que as escrituras nos conduzem.

Citando Swami Chidananda sobre a razão pela qual é preciso seguir o caminho do verdadeiro espírito interior, tenho a sorte de transmitir, através deste breve excerto, o verdadeiro espírito por detrás da razão pela qual a aquisição e a transferência de conhecimentos podem acontecer da forma mais divina, sem infligir qualquer tipo de conflito, quer com quem dá, quer com quem recebe.

"Deviam agradecer àquele que chama a atenção para algo em vós, em vez de ficarem ofendidos. Na verdade, essa pessoa está a fazer-vos um grande favor e serviço ao dar-vos algum conhecimento sobre vós próprios que vós, por vós próprios, não conseguistes obter" (Swami Chidananda)

Capítulo 1. Os associados próximos do Dr. CN Narayana ouviram-no dizer :

Padmasri Dr. Pritam Singh:

É com grande prazer que transmito as minhas impressões sobre o Dr. C N Narayana enquanto trabalhámos juntos no IMI, como Diretor-Geral e Conservador, pelo que as minhas impressões sobre o Dr. C N Narayana são amplas enquanto colega e superior.

O Dr. Narayana é consciencioso, muito trabalhador, tenaz e incansável na prossecução dos objectivos que valoriza ao seu nível e ao nível do Conselho de Administração e do Diretor-Geral. No seu estilo de líder, possui as três qualidades - pensador lógico, ajudante amigável e lutador duro. De facto, ele é uma simbiose das três qualidades que integrou poderosamente ao seu nível.

É um grande administrador, por excelência, com uma poderosa vertente académica. É uma combinação rara de pensador académico poderoso com uma mistura judiciosa de liderança administrativa. É altamente profissional na sua abordagem, cheio de integridade ética, moral e financeira.

Foi um grande prazer trabalhar com ele. Gostei de todos os momentos em que discuti com ele sobre qualquer novo projeto ou trabalho. Ele seria sem dúvida uma mais-valia para qualquer organização a que estivesse associado.

Ele tem sido não só o meu querido, mas também o querido de toda a comunidade IMI. Desejo-lhe as maiores felicidades nos seus futuros empreendimentos.

Dr. Rajat Kathuria - Consultor económico, Diretor do Conselho Indiano de Investigação Económica, Nova Deli. Consultor da Autoridade Reguladora das

Telecomunicações da Índia (TRAI), Escola de Economia de Deli e Doutoramento. Da Universidade de Maryland

O primeiro encontro consigo ainda está bem presente na minha memória. Pareceu-me uma pessoa admirável, agradável e profissional. Não me enganei no meu julgamento, pois estas e muitas outras qualidades suas vieram ao de cima. Se R K Singh descobriu o seu talento latente graças à sua inspiração, estou certo de que o IMI lhe despertou o desejo de mudar de rumo e abraçar o ensino como uma opção de carreira gratificante.

Dr. Ashok Chandra (PhD de Cornell) Ex-secretário especial, MHRD, GOI, Presidente do Instituto Nacional de Ciência e Tecnologia, CSIR. Conselheiro principal do Centro de Gestão e Inovação

Foi um prazer discutir consigo uma série de questões e vislumbrar a sua mente e personalidade. O que mais apreciei foi a sua vontade de causar impacto em tudo o que tocava, de introduzir melhorias em todo o lado e de lançar as bases de sistemas e processos que ajudam a gerar excelência no âmbito da responsabilidade. Na minha longa carreira, encontrei todo o tipo de pessoas, a maior parte delas talentosas, engenhosas e trabalhadoras, mas uma coisa que o diferenciava era a sua capacidade de se aprofundar na atividade principal da nova organização, na cultura e na ética e de se tornar um praticante ativo da área principal. Estas revelaram-me o seu conteúdo intelectual e o seu espírito académico. Tem um espírito académico, o que o distingue dos outros profissionais.

Dr. Baldev Sharma - Bolseiro, IIM-A. Professor Emérito, IMI, Nova Deli

Conheci-o pela primeira vez em 2005, na cabina do Prof. CSV, quando ele me apresentou como um RA com quase 17 anos de experiência. Fiquei a pensar como é que um executivo de uma empresa deixaria um emprego bem remunerado e viria para o mundo académico. Depois, apercebi-me de que estava a vir como um agente de mudança e professor para a mudança positiva do IMI. Num período muito curto (uma semana, penso eu), veio à minha cabina e fez uma apresentação maravilhosa da tese de RH e discutiu as suas ideias sobre a gestão de recursos humanos, especialmente sobre o PMS. A sua capacidade de se relacionar com as pessoas e de enfrentar qualquer situação com calma surpreendeu-me. O seu interesse pela investigação, a sua espiritualidade e a sua capacidade de resolver os problemas do Instituto deixaram-me sem palavras. A sua caraterística especial de se preocupar quando alguém está em apuros, quer seja o Prof. CSV ou eu, quando tive um ataque cardíaco, fez-me chorar. Quando fui abandonado pelo meu próprio pessoal, vieste como meu filho e tomaste conta de mim. Não preciso de prever que serás um líder muito diferente e bem sucedido no mundo académico. As minhas bênçãos estão sempre presentes. Ofereci-me para escrever o prefácio do teu próximo livro porque és uma alma iluminada.

Prof. Ravindra Menon, Antigo Vice-Presidente Sénior do Banco HDFC

Tomo a liberdade de citar algumas das suas características de liderança. O Dr. CNN apresenta um estilo de liderança que integra as qualidades da cabeça e do coração. Torna possíveis as tarefas aparentemente impossíveis graças à sua rara capacidade espiritual e perspicácia intelectual. É uma pessoa despretensiosa, humilde e desportiva, com um espírito dinâmico e uma concentração inabalável nos objectivos da empresa.

Chowdari Prasad, antigo Reitor (P&D), IFIM B-School Bangalore

O Dr. C N Narayana é um líder académico de qualidade superior, empenhado apaixonadamente na criação de instituições e no ensino da gestão. É um professor dedicado e um mentor de sucesso para os seus alunos, com um historial comprovado em três B-Schools de renome. Sinto-me privilegiado por ter estado estreitamente associado a ele.

Kushal Roy Chowdhary Chefe das F&A - Equipa de gestão de topo da Shapoorji & Palonji

CNN é alguém que inspira verdadeiramente as pessoas à sua volta. A minha relação com ele remonta a janeiro de 2004, quando nos conhecemos no nosso encontro anual de finanças. Ele tinha entrado recentemente para a equipa e eu tinha entrado há cerca de 6 meses. Por isso, de certa forma, éramos ambos novatos na empresa. A primeira impressão sobre ele foi que era comercialmente astuto e tinha uma grande perspicácia empresarial. Apresentava muitas ideias novas, o que era muito avançado para a época. A sua região era afetada por inúmeros problemas e ele deu a volta por cima num curto espaço de tempo e tornou-a formidável. Seguimos em frente e, mais uma vez, tive a sorte de trabalhar com ele na minha empresa seguinte. Aqui, descobri que ele tinha crescido como líder espiritual, para além da liderança empresarial que tinha no passado. Foi verdadeiramente espantoso descobrir este lado da sua capacidade de liderança e, nesse processo, aprendi algumas coisas com ele. Na verdade, é difícil resumir as suas capacidades de liderança numa única página. No entanto, ao concluir, pode dizer-se com segurança que ele traz e colabora com o melhor de dois mundos: a sua perspicácia empresarial e as suas capacidades espirituais, o que o torna verdadeiramente um exemplo acima dos outros. Desejo-lhe as maiores felicidades no seu percurso de excelência.

Rishi Nayyar, Diretor-Geral da Perfect 10 Advertising e aluno do Dr. CN Narayana no IMI - Nova Deli.

A Liderança Transformacional pode ser demonstrada através do exemplo do Dr. CN Narayana como líder transformacional; o Dr. Narayana operava numa fase mais elevada de desenvolvimento moral do que os seus alunos. A visão do Dr. Narayana para o KIAMS foi exemplar enquanto diretor. Sendo um líder inspirador, o Dr. Narayana deu apoio emocional aos estudantes do IMI, do IFIM e do KIAMS. Inspirou os seus alunos a irem além das suas expectativas. O KIAMS atingiu grandes alturas durante a sua orientação.

Capítulo 2. Breve premissa:

Liderança não é apenas liderar. Trata-se de direção, capacitação, gestão da mudança, produtividade e, acima de tudo, desenvolvimento de bons líderes e seguidores. Os líderes são aqueles que lideram em espírito, despertando as capacidades inatas da equipa e possibilitando a mudança de forma a que o desempenho, tal como se encontra imbuído nas várias cores da mudança, seja captado, conduzindo a activos transformacionais.

Capítulo 3. A liderança tal como definida pelos gurus da gestão:

Diz-se que a liderança é a caraterística das pessoas que lhes permite contribuir para o seu local de trabalho, quer se trate de uma organização ou de um instituto académico.

A liderança é uma caraterística das pessoas que lhes permite contribuir para o seu local de trabalho, quer se trate de uma organização ou de um instituto académico. A liderança está associada a hábitos e ocorrências que deixam impressões duradouras nos outros. Criam um culto de seguidores. A liderança torna-se um hábito

Os líderes negoceiam e potenciam sempre as suas actividades com a mudança e a implementação da mudança nos locais de trabalho. Estas iniciativas de mudança e os pressupostos de risco implicam compromissos.

Diz-se ainda que a liderança é a caraterística que infunde confiança nos trabalhadores e nas partes interessadas. Os líderes são o rosto da organização perante o público. Os líderes são também aqueles que dão a volta por cima e levam as empresas e os institutos a uma maior glória.

"A derradeira medida de um homem não é a sua posição em momentos de conforto e conveniência, mas a sua posição em momentos de desafio e controvérsia."

O Dr. C. N. Narayana foi ouvido a citar o seguinte: "A mudança não acontece de forma inevitável, mas sim através de uma luta contínua. "

Em suma, todos os traços de liderança lidam com a mudança, o risco, o crescimento financeiro, a ética no local de trabalho, a formação de equipas, a motivação, a governação e o retorno das partes interessadas.

O que parece ter sido omitido é a intervenção da espiritualidade na liderança. A liderança pode tornar-se muito objetiva e orientada se houver uma intervenção da espiritualidade na liderança. A espiritualidade não faz distinção entre as pessoas, mas estabelece um código de trabalho que permitiria às organizações e institutos crescerem da forma desejada, sem se concentrarem apenas no crescimento.

Capítulo 4. A definição de espiritualidade:

O Dr. Narayana tece habilmente a espiritualidade à respiração e define-a como um tipo de poder que ultrapassa qualquer outro tipo de poder - dinheiro, músculo e vontade, poder político e superpoder. O poder da respiração e a divindade que lhe está associada, sem a qual é a morte. O poder curativo da respiração longa cria uma calma interior e também dá espaço para reconhecer e apreciar que esta não é a última. É preciso mostrar gratidão por isso e ajudar nas equações que dão vida.

Capítulo 5. Trata-se de uma compreensão da espiritualidade e, em caso afirmativo, como é que a liderança pode ser associada a esta?

A resposta a esta questão é explicada de forma muito simples pelo Dr. CNN. Ele diz que a espiritualidade é a luz que viaja num túnel onde a luz só é vista no fim do túnel e que se deseja ver a luz em breve. Quando se está a viajar na escuridão, que pode ser o caminho de uma organização ou a passar por momentos difíceis na tomada de decisões, o toque e a sensação que a liderança proporciona sob a forma de compreensão e visão é dito ser uma compreensão de que há luz ao fundo do túnel. "तमसो मा ज्योतिर्गमय" Os líderes que conseguem encontrar e ajudar os viajantes ao longo do túnel escuro a ver a luz ao fundo são os líderes espirituais.

Assim, os líderes espirituais são aqueles

1. Quem é que toca o espírito das pessoas a quem está associado?

2. Nunca hesitar em guiar as pessoas por caminhos obscuros

3. Fazer com que as pessoas se apercebam do aspeto cognitivo do eu superior através da aplicação da cultura e da conceção dos princípios de trabalho.

4. Assegurar que a tomada de decisões se baseia em coordenadas humanas

5. Colabora com a diferença individual para uma perceção holística da auto-realização

6. Respeita a necessidade de compreender que os indivíduos têm diferentes níveis de capacidades

7. Reúne estas capacidades através de uma ligação fora da conceção do local de trabalho

8. Desenha uma cultura baseada na moral e na ética, tal como é entendida por todos

9. Construir de forma concertada a autoestima, o respeito próprio e a auto-eficácia dos indivíduos.

10. Compreende e faz compreender a importância de um triplo resultado final: **pessoas, planeta e poder**, que será substituído por **pessoas, participação e perfeição**.

O Dr. C N Narayana exemplifica um estilo de liderança que é fácil de compreender mas difícil de imitar. O seu estilo de liderança resulta de décadas de experiência no sector empresarial, em que se aprende com os erros dos outros e depois se tece essa aprendizagem num estilo próprio.

Os seus atributos de liderança provêm ainda da sua experiência inestimável na liderança de institutos académicos e de gestão, onde a combinação desejada de posições éticas, bom acompanhamento e um código de funcionamento muito transparente é o que é mais necessário.

Desmascarou os mitos de liderança comummente associados, liderando a partir da frente e construindo equipas que não só são claramente capacitadas, como também são a sua própria crítica.

Capítulo 6. Modelo de liderança da CNN:

O triplo resultado final, tal como é enfatizado para o sucesso da liderança, nem sempre é medido em recompensas e lucros tangíveis. Há uma maior ênfase no resultado de qualquer transação ou atividade empresarial. As recompensas intangíveis, que não podem ser medidas, são o que dá mais recompensas e benefícios a longo prazo. Esta ligação entre o desenvolvimento e os recursos de entrada é algo que só líderes como o Dr. CNN podem identificar e quantificar, o que não se encontra nos livros de texto e nas aulas de gestão. Este tipo de liderança advém da prática de sustentar o eu através da autodisciplina e de herdar as qualidades de um eu benigno.

Capítulo 7. Representação gráfica do modelo de liderança da CNN :

Citando o Dr. CNN: "O mundo é uma multidão, mas tu acreditas que podes ser diferente, podes realmente ser um. A partir deste momento, promete parar de te desiludir, separa-te da multidão, decide ser extraordinário e faz o que tens de fazer. Agora mesmo, agora mesmo. DIN - faça-o agora".

Capítulo 8. O triple bottom line no modelo de liderança da CNN é a estratégia BIP (azul, índigo e púrpura)

Esta qualidade de liderança está repleta de cores, uma vez que as cores significam vida e a liderança é aquela que transmite vida e energia, ambas repletas de cor. Curiosamente, a liderança é a energia que dá e sopra vida nas organizações e, por isso, tem matizes de cores diferentes.

Capítulo 9. O PIF explicado:

A vida está cheia de cores. Algumas delas notamos e muitas não. Até o branco e o preto são cores com significado. A cor branca é sempre de pureza. As cores são aspectos pouco apreciados do mundo físico. Uma boa liderança deve aperceber-se de numerosas subtilezas na miríade de tonalidades das pessoas e do seu comportamento, para que o líder possa mudar a aura através do poder curativo dessas cores A mudança de cores pode trazer nova energia, tal como na cura. A aura é sempre energia espiritual, uma mudança na mesma trará resultados visíveis no ambiente dentro do qual a liderança emana a energia e a equipa ou seguidores que recebem a sinergia.

Azul, Índigo, Púrpura (BIP) é a chamada estratégia dos oceanos mistos para o desenvolvimento espiritual da liderança. Os líderes que seguem estes diferentes oceanos e os níveis de energia que os acompanham são certamente bem sucedidos no seu manto, uma vez que existe calma, positividade e compreensão (evolução e elevação a uma ordem superior)

O azul é a cor não só da espiritualidade, mas também da intuição, da inspiração e da paz interior, embora o mundo ocidental se refira a ele como tristeza (blues como na música). De um modo geral, os líderes devem utilizar esta estratégia para o processo de acalmia física e mental. É como um mar azul profundo de calma e tranquilidade perante as situações, e este é o primeiro nível de adaptação espiritual para um desempenho e uma prestação bem sucedidos da equipa. Isto também traz a espiritualidade à equipa para se concentrar.

O Oceano Índigo é uma extensão do Oceano Azul, mas com uma tonalidade mais escura para refletir o segundo nível de evolução (superior). Aqui, a liderança concentra-se na capacidade psíquica dos indivíduos de uma equipa, para os curar lentamente enquanto relaxa, mas concentra-se no objetivo coletivo de uma organização. Mas todas as partes do universo (equipa) estão calmas enquanto atingem e ultrapassam os objectivos de desenvolvimento espiritual, tanto organizacionais como individuais.

A estratégia de liderança do Oceano Púrpura traz o culminar do poder terreno e espiritual. Traz a unidade com o espírito que se livra das tensões mentais de qualquer pessoa durante o processo de desenvolvimento de terceiro nível, tanto individual como organizacional. A aura púrpura indica um nível mais elevado de desenvolvimento espiritual e, finalmente, mistura-se com a verdade, a pureza, a cura e a proteção de toda a organização.

Os seguidores têm de compreender as subtilezas destas três cores e as transcendências superiores e procurar a verdade e o design organizacional enquanto compreendem o pensamento da liderança.

1. Oceano Azul: a liderança está ao nível mais baixo, falando com os subordinados, compreendendo o seu estado mental e as suas capacidades para lidar com as situações. O Oceano Azul fará emergir a confiança e a auto-introspeção nos seguidores, habilmente guiados pelo líder. Este passo é necessário para iniciar um diálogo de confiança e segurança na liderança. O líder utilizará a voz interior para chegar ao seguidor e orientá-lo através da calma interior, fazendo com que os seguidores sintam a iniciação para trabalharem em prol dos objectivos desejados.

2. Oceano Índigo: a liderança está no plano superior seguinte, em que as acções dos seguidores se baseiam na psique da mente calma, que proporciona união, confiança e capacidade inata de formar uma equipa, ultrapassando os aspectos materiais da ganância, avareza e recompensas.

3. Oceano púrpura: A liderança nesta fase é sublime, levando toda a equipa a níveis elevados de auto-realização e unidade. Nesta fase, a liderança emana a energia e o caminho desejado e a visão necessários para atingir as metas e os objectivos da organização.

Capítulo 10. O empoderamento

A estratégia do Oceano Azul atrai seguidores como fez Mahatma Gandhi. Se uma pessoa é calma e tranquila ao lidar com as situações, as pessoas confiam numa atitude resoluta e focada na resolução. Também significa capacidade de reflexão profunda. A estratégia do oceano azul na liderança cria um comodoro e muitos dos seguidores adoptam e adaptam a mesma atitude calma e composta que atrai mais seguidores

O oceano vermelho cria apenas um banho de sangue como o que Hitler fez. A energia do vermelho é elevada, mas será de curta duração e os seguidores capacitar-se-ão para irem para o plano superior da calma e da paz.

O oceano púrpura permite que os seguidores se juntem e trabalhem para atingir as metas e os objectivos num ambiente aparentemente intencional

O termo "rentabilidade" é aqui considerado um termo impróprio, uma vez que é substituído por duas palavras muito poderosas - PRODUTIVIDADE e DESEMPENHO

O Dr. CNN acredita que as organizações e os institutos só podem crescer se os seguintes factores forem claramente desmistificados:

1. Seguidores:

A equipa de seguidores prospera em ecossistemas muito específicos. O Dr. CN Narayana compreende que a melhor forma de produzir seguidores é criar um ambiente de trabalho alinhado com os valores pessoais e o conjunto de competências. Criar um ambiente favorável aos seguidores não é apenas um grande desafio, mas também um esforço concertado no sentido de construir uma cultura baseada nos valores do líder que conduza a um local de trabalho sustentável, quer se trate de uma empresa ou de uma instituição académica.

2. Criar uma cultura:

O Dr. Narayana tem estado muito empenhado em criar uma cultura que transgride a liderança comum. O nível de empenhamento que se pode observar no seu estilo de liderança, os seus ditames de gestão da mudança e os seus extraordinários princípios de confiança e equanimidade moldaram-se num estilo de liderança que lhe é peculiar, tendo desmistificado os conceitos de desenvolvimento organizacional e a sua aplicabilidade na excelência da organização.

3. Liderança intitulada:

Recordando um vídeo recente no you tube sobre os três P's, ele afirmou categoricamente que a posição de poder e - são os piores desconstrutores em qualquer cultura.

A verdadeira liderança não surge de títulos ou posições, mas sim de um sentido interior de como comunicar e viver a missão e a declaração de visão e os valores fundamentais de uma organização, afastando o mito de que as declarações de missão se destinam apenas aos gestores. Traduziu as declarações de missão para chegar às comunidades numa linguagem simples de compreender, de modo a que a visão seja claramente entendida.

Em suma, a força de liderança do Dr. C. N Narayana assenta nos três C's de **ligação, co-criação e colaboração** e nos três P's que têm de ser abominados - poder, **posição e**

jogo

Ligar:

Esta liderança permite que a equipa dos funcionários e outros profissionais que trabalham no ambiente se liguem ao líder da forma mais realista e verdadeira. A ligação acontece quando as pessoas estão a introspeccionar o seu trabalho e a melhor forma de o realizar. A ligação acontece entre as pessoas e a gestão e o superior é a forma mais altruísta de as equipas trabalharem em conjunto para transcenderem a zona de conflito básica em direção a objectivos orientados para o desempenho.

Ligar-se às pessoas através da mente, resultando em pensamentos e ideias em que a criatividade é o resultado final

Co-criar:

A ética e a capacidade de incorporar a confiança, o altruísmo e a credibilidade das pessoas, das empresas e do governo na criação de valor para o bem, seja ele social, económico ou intelectual, personifica o sucesso da liderança. Quando a criação de valor para o bem envolve a capacidade e a motivação para participar diretamente no desenvolvimento das pessoas, das empresas e do governo, a atividade torna-se cocriadora de valor. O seu objetivo é a clareza, o bem e a resiliência. Facilita a participação incondicional da motivação social, económica e intelectual para o bem.

Co-criar leva a trabalhar em conjunto com altruísmo, utilizando posturas boas e éticas que conduzem à produtividade

Colaborar:

A liderança permite que as pessoas colaborem sem ganância, avareza ou competição. A própria base da colaboração é fazer sobressair o melhor da equipa, dos empregados, dos supervisores e dos clientes. A colaboração assenta na confiança, na compreensão mútua e num objetivo maior de crescimento através da introspeção sobre a melhor forma de encaixar as convicções e os resultados.

A colaboração conduz ao poder da equipa, à inclusão, ao respeito mútuo e à compreensão.

Capítulo 11. Aplicação da estratégia BIP para a implementação em organizações e institutos:

Passo 1:

Criar o ambiente

Passo 2:

Explorar o potencial das partes interessadas internas

Passo 3
Despertar os instintos adormecidos

Passo 4:

Inculcar um espírito de paz e felicidade em todos

Passo 5:

Espalhar a periferia do sucesso

Passo 6:

Ensinar a verdade de que a sombra segue a pessoa

Passo 7:

Encontrar oportunidades para fazer as pessoas sorrir

Passo 8:

Reunir bons pensamentos e trazer felicidade aos outros. Este é o legado que fica para trás

Passo 9:

Ensinar a verdade de que a rejeição e a aceitação são da perspetiva dos outros e que isso não deve constituir um obstáculo ao desempenho.

Passo 10:

Compreender a verdade de que se alguém quiser estar contigo, ajusta-te e se tu quiseres estar com esse alguém, compromete-te

Passo 11:

Tente ouvir bem, pois isso permitir-lhe-á ter um melhor desempenho.

Passo 12:

As equipas só podem ser formadas quando é criado um ambiente de confiança entre os seus membros. Compreender e criar a confiança de modo a criar a coesão necessária.

Passo 13:

A união da equipa aumenta a produtividade e melhora o desempenho. A liderança que incute esta união não só tem um objetivo, como também reforça a confiança.

Capítulo 12. Inteligência emocional:

O sucesso das organizações e dos institutos, a liderança orientada e orientadora, a transformação das pessoas que são direta e indiretamente influenciadas pelo líder baseiam-se na ligação emocional que o líder cria.

A inteligência emocional tem três camadas. O líder exibe todas estas três ferramentas poderosas de sentimentos humanos interiores em relação aos outros que trabalham com ele, o que traz a dimensão crítica da ligação humana com os outros, ignorando objectivos e metas de promoção pessoal. Esta inteligência emocional pode então moldar o local de trabalho.

Os líderes são aqueles que se controlam a si próprios e não tomam decisões precipitadas, o que reduz as possibilidades de comprometer os seus valores e, por conseguinte, fomentam a conscienciosidade, a fiabilidade e a diligência na tomada de decisões, podendo assim pensar de forma inovadora e resolver problemas relacionados com mudanças e tornar-se bons líderes, uma vez que controlam as suas emoções.

Os líderes conduzem os trabalhadores e dão-lhes confiança, encorajamento e apoio em todas as suas capacidades e aptidões para serem bem sucedidos. Os trabalhadores devem ser motivados a dar pequenos passos sem vacilar, pois isso ajudá-los-á a ter êxito. Os trabalhadores devem compreender que o desenvolvimento dos trabalhadores não atingirá os seus objectivos se o trabalhador não se desenvolver. Com a ajuda dos supervisores e dos gestores, o desenvolvimento dos trabalhadores pode fazer parte da filosofia organizacional, onde o conceito de uma organização que aprende é promovido e criado.

Os líderes que promovem um ambiente caracterizado pela harmonia interna permitem transições para a mudança e fomentam a criatividade. A identificação de comportamentos específicos dos líderes que promovem iniciativas de mudança só é possível se existir um ambiente de preocupação partilhada, de capacitação e de dinâmica de equipa. O objetivo do desenvolvimento dos trabalhadores é criar uma cultura de crescimento verticalmente para o trabalhador e lateralmente para as organizações que acreditam que o desenvolvimento dos trabalhadores conduz à eficiência da produtividade e aos activos de capital humano.

Os períodos de transição são grandes períodos de incerteza em que os trabalhadores não sabem qual será o resultado final da mudança.

A inteligência emocional é uma das melhores formas de liderança.

Capítulo 13. Estudo de caso:

A utilização da inteligência emocional está bem estabelecida neste domínio. (Os nomes foram ocultados para proteger a identidade das pessoas em causa)

Nenhum local de trabalho ou instituto pode ser constituído apenas por pessoas com um desempenho de topo. As equipas têm desempenhos diferentes. Aqueles que têm um desempenho abaixo da média são geralmente despedidos e convidados a sair. O Dr. CNN decidiu dar aos que têm um desempenho abaixo da média uma oportunidade de melhorar e todo o apoio necessário do instituto para os elevar ao nível desejado. Apesar da forte oposição da direção e dos colegas, o Dr. CNN tomou a iniciativa e decidiu apoiá-los tanto institucional como emocionalmente. Este é um exemplo perfeito de como a ligação emocional acontece e de como a transformação traz uma reviravolta.

Quantos líderes podem iniciar tais mudanças?

O que acontece quando a confiança é construída?

Será este um exemplo perfeito de trabalho de construção de confiança?

É este o estilo desejado para introduzir mudanças?

O líder deve considerar-se transformacional e também altamente reativo e empático às ideias de mudança dos trabalhadores. Durante o período de transição, em que todos os aspectos da iniciativa de mudança são muito fluidos, o líder tem de aplicar o quociente emocional, tal como sugerido por Daniel Goleman. "Muitas provas atestam que as pessoas emocionalmente competentes - que conhecem e gerem bem os seus sentimentos e que lêem e lidam eficazmente com os sentimentos dos outros - estão em vantagem em qualquer domínio da vida, quer se trate de romance e de relações íntimas, quer de aprender as regras tácitas que regem o sucesso na política organizacional" - Daniel Goleman. Goleman afirma que, a menos que uma pessoa compreenda as suas forças e fraquezas pessoais e comece a sentir as suas forças e a ultrapassar as suas fraquezas, nunca poderá nascer líder. Por isso, a auto-consciência é considerada um dos aspectos mais importantes da inteligência emocional.

Os líderes são aqueles que se controlam a si próprios e não tomam decisões precipitadas, o que reduz as possibilidades de comprometer os seus valores e, por conseguinte, fomentam a conscienciosidade, a fiabilidade e a diligência na tomada de decisões, podendo então pensar de forma inovadora e resolver problemas relacionados com mudanças e tornar-se bons líderes, uma vez que controlam as suas emoções.

Os líderes conduzem os trabalhadores e dão-lhes confiança, encorajamento e apoio em todas as suas capacidades e aptidões para serem bem sucedidos. Os trabalhadores devem ser motivados a dar pequenos passos sem vacilar, pois isso ajudá-los-á a ter êxito. Os trabalhadores devem compreender que o desenvolvimento dos trabalhadores não atingirá os seus objectivos se o trabalhador não se desenvolver. Com a ajuda dos supervisores e dos gestores, o desenvolvimento dos trabalhadores pode fazer parte da filosofia organizacional, onde o conceito de uma organização que aprende é promovido e criado.

Os líderes que promovem um ambiente caracterizado pela harmonia interna permitem transições para a mudança e fomentam a criatividade. A identificação de comportamentos específicos dos líderes que promovem iniciativas de mudança só é possível se existir um ambiente de preocupação partilhada, de capacitação e de dinâmica de equipa. O objetivo do desenvolvimento dos trabalhadores é criar uma cultura de crescimento verticalmente para o trabalhador e lateralmente para as organizações que acreditam que o desenvolvimento dos trabalhadores conduz à eficiência da produtividade e aos activos de capital humano.

Capítulo 14. A Gestão da Mudança veio para ficar:

A permanência da mudança é tão bem ilustrada que, se não houver um líder capaz de compreender o espírito por detrás da mudança, as iniciativas perdem-se.

* Um líder espiritual é aquele que faz emergir os diferentes factos da mudança

* A constatação de que, muitas vezes, a manutenção do status quo era suficiente

* Mas agora isso não é suficiente, porque o caminho que estamos a percorrer não é suficientemente bom e estamos mortos

* Num mundo em que tudo está ligado, em que tudo é igualmente excelente e em que o desempenho está a atingir a perfeição, só resta um lugar para inovar

* E isso é VOCÊ. O tu é o espírito que está dentro de ti ou o farol que te guia dentro de ti.

* VOCÊ é o foco central do tornado e do tsunami da mudança

* Alimentada pela digitalização, mobilização, aumento, desintermediação e automatização, a ficção científica deixa de ser ficção e passa a ser um facto e a forma como se trabalha nunca mais será a mesma

* As competências necessárias tornar-se-ão drasticamente diferentes e as acções serão mais rápidas do que nunca. Como responder a isto? ????????

* Este é um dos momentos mais transformadores da história da humanidade

* A questão que temos de colocar é se a mudança nos está a conduzir ou se somos nós que somos conduzidos pela mudança

* A disrupção tornou-se uma nova normalidade e, como a mudança é sempre gradual,

parou de acontecer gradualmente e esta mudança tornou-se exponencial

* Os que estavam desligados e agora estão ligados e inteligentes e os corpos com sensores falarão uns com os outros. A inteligência artificial assumirá o controlo.

* Estes agentes de mudança são combinatórios e amplificam-se uns aos outros, criando uma tempestade de mudança

* A computação quântica, a análise de grandes volumes de dados, a Internet das coisas e a aprendizagem profunda serão a necessidade do momento.

* Tudo o que não pode ser digitalizado tornar-se-á extremamente importante e valioso e isso é a natureza humana da emoção, da ética, da criatividade, da imaginação, da intuição e do respeito tornar-se-á ainda mais importante porque as máquinas só podem simular mas não podem pensar.

* Para compreender a mudança e ir além dos dados e da automatização, porque a mente não pode ser controlada pelos dados e pelo eu, que é o utilizador, não há uma melhoria única, mas sim uma transformação total, e são criados novos ecossistemas baseados na humanidade, e é aqui que se cria um valor verdadeiro e duradouro.

* O futuro está na tecnologia, mas em transcendê-la através da criação de valor e da espiritualidade, porque a compreensão da importância da natureza humana do trabalho é o que permitirá reagir positivamente às mudanças.

* O líder irá provocar esta transformação nos seguidores e este será o novo mundo.

* O líder dará um toque holístico e o poder de transformação far-se-á sentir a partir do seu interior.

* A divindade da intenção de liderança, que se inclina para o pensamento interior, será a nova norma.

* A espiritualidade na liderança reforçará os três pilares da coesão da equipa e da auto-realização.

* A gestão da mudança virá para ficar como um modelo em constante mudança de como se adaptar a sistemas em mudança. A espiritualidade na liderança guiará o caminho para as novas mudanças.

Capítulo 15. Orientações para o futuro:

Este é um novo passo na teoria da liderança.

A prática da liderança espiritual transformará o funcionamento dos institutos e dos locais de trabalho

Este tipo de liderança baseia-se na ligação humana e, por isso, pode ser a nova direção da liderança

A governação e os regulamentos são bons no papel e como valores fundamentais das organizações, mas para os implementar são necessários líderes com uma consciência espiritual. O Dr. CNN é o prenúncio de como os líderes podem ser espirituais e, ainda assim, construir organizações sólidas.

"As almas evoluídas vêem a felicidade nos outros. O que fazemos para nós próprios desaparece no ar quando deixamos de existir, ao passo que as coisas boas que fizemos para os outros não só trazem felicidade aos outros como ficam como herança depois de deixarmos o mundo." (Dr. C N Narayana)

Capítulo 16. Advertências nas propostas de liderança espiritual:

A compreensão do corpo e da alma que se manifestam em uníssono é a exibição e a direção exterior da liderança. A alma que dirige as acções do corpo compreende como a virtude tem de ser iniciada em cada ação.

Os líderes que ouvem a sua voz interior e agem de acordo com ela são considerados líderes espirituais. A ligação à voz interior permite ao líder visualizar as necessidades e a aceitação de como conduzir a equipa através de desafios éticos e fazer sobressair o melhor da equipa.

Para analisar o processo de pensamento interior e a sua manifestação, é importante que o ambiente

a. Analisar a positividade individual e a capacidade de adaptação para pensar e agir de forma diferente.

b. Mudar o processo de pensamento, aceitando olhar para as práticas éticas.

c. Esforços de multiplicação no sentido de racionalizar os sistemas de valores para melhorar a organização

d. Reunir e reunir recursos tangíveis e intangíveis para que as pessoas se liguem na mudança de mentalidade interna

e. A liderança demonstra a capacidade de replicar os pontos de contacto para a convergência do espaço interior, de modo a influenciar e alterar os conflitos internos e a trazer calma e paz para si próprio, contribuindo assim mais para o ambiente externo.

Capítulo 17. Visão de mundo da liderança espiritual:

Ao tentar compreender a liderança, os seus meandros e o que faz um bom líder, há muitas teorias que apoiam esta ideia e muitas estão prontamente disponíveis para conhecimento. O que há de novo aqui é a abordagem da liderança e a forma como podem ser efectuadas mudanças totais nas pessoas e nos trabalhadores quando estes se adaptam a esta visão mundial da liderança. Os seres humanos exibem acções boas e más, o que indica que são capazes tanto do bem como do mal. No entanto, a alma não é intrinsecamente má, mas tem potencial para o mal. Por outro lado, a bondade é mais prevalecente devido à presença do toque externo. Também as leis e os códigos morais e éticos que se desenvolvem, mesmo nos princípios mais básicos, apresentam elementos de bondade devido à bondade inerente ao ser humano. A liderança tenta tirar partido desta atração inerente ao homem. Se a divindade tivesse criado todos os seres humanos apenas com o potencial de praticar boas acções, o conceito de responsabilidade seria inútil. E é precisamente por esta razão que os seres humanos são considerados a criação mais nobre, porque lhes foi dada a capacidade de escolher entre o bem e o mal.

A liderança da CNN centra-se também na liderança num plano mais elevado, que inclui os valores mais elevados da Vida. Todos os bons líderes têm de absorver estas qualidades e reflecti-las em todas as suas acções. Isto assegurará uma aurora, que resultará na crença na liderança por parte dos seguidores para uma avaliação comparativa também.

1. A sua liderança procura compreender o fenómeno da vida. Isto é, tem de ter pelo

menos duas dimensões: os seres que vivem a vida e o universo em que vivem. Num sentido mais profundo, não é mais do que a terceira dimensão, a origem do homem e do universo. Todos os nossos sistemas filosóficos que existem atualmente tiveram origem no estudo aprofundado de conhecimentos que já existiam. Reflictam sobre o mesmo e aprofundem-no.

2. As verdades básicas e a liderança

É a grande graça, compaixão e bênção do antigo sistema de valores que ainda hoje não mudou. A liderança deve usar isto para refletir e alcançar a iluminação. A quintessência de toda a sabedoria dos ensinamentos, conhecimentos e experiências dos Upanishads é concisa e simples, lúcida e interessante. Continuem a reiterar as vossas acções de liderança para garantir a credibilidade da vossa liderança num plano mais elevado, sem qualquer espaço para manchas.

3. O mundo é uma morada de infelicidade, mas vive feliz dentro desta morada.

Este é o maior desafio lançado a uma boa liderança nos tempos modernos, em que os seguidores materialistas são em grande número e os simples seguidores espirituais são muito poucos. A liderança num plano mais elevado deve ser capaz de se afastar desta energia sedutora de atracções materiais que convidam à atenção para uma felicidade sustentável no âmbito da morada da infelicidade. Criar e fazer com que os seguidores percebam que a abordagem materialista é apenas uma ilusão e que não há um pingo de felicidade nesses objectos.

4. Indicando o caminho para o destino divino.

A próxima grande verdade que precisa de ser focada e reiterada por uma boa liderança é mostrar de forma convincente este caminho para transcender a tristeza, o sofrimento, a dor e a miséria para um estado de gloriosa felicidade absoluta, que é a paz fundamental.

5. A liderança num plano superior deve fazer emergir a verdadeira perfeição como um tema atingível, realizável e inerente a cada ser humano e todos nós devemos adquirir para-vidhya para nos elevarmos.

6. A sublimação da mente é um requisito essencial para alcançar a liderança num plano superior. A mente humana é como os macacos e cada ser humano é mais do que dez macacos. O seu potencial é limitado dentro do seu alcance. Está cheia de desejos e impulsos que são compulsivos por natureza, inquietos, inconstantes e agitados como um macaco. Imaginem que os seres humanos são macacos intoxicados e muito difíceis de controlar, não havendo absolutamente nenhuma oportunidade para qualquer discriminação. Por isso, uma boa liderança num plano superior deve trazer uma mente turbulenta ou um pêndulo para parar, pensar e discriminar entre boas e más acções e libertar as pessoas da escravidão, o que essencialmente conduz à sublimação da mente e, finalmente, a um processo de rendição também. Purifica a tua mente, vestindo a armadura da discriminação, usa o escudo da desapaixonação e, finalmente, sopra o búzio da coragem para subires os degraus da escada e alcançares o plano superior da liderança.

Capítulo 18. Citações de liderança espiritual explicadas através da abordagem TTT:

a. O Criador liga-se a todos os que o procuram e nós só o procuramos quando temos dificuldades. O criador nunca é seletivo. Apesar da nossa arrogância, ele está sempre connosco.

A liderança é geralmente vista como uma ligação entre as pessoas. O criador é o maior líder, toda a raça humana existe devido a esta ligação, da mesma forma que a liderança liga as pessoas numa organização. Se os seguidores procuram o líder, as soluções materializam-se e a união constrói-se, pelo que o ethos organizacional deve abrir caminho a esta ligação.

b. Tenha um pensamento equilibrado na sua vida, em vez de conotações positivas e negativas. Isso prepará-lo-á melhor para enfrentar o mundo com coragem quando as coisas forem difíceis.

Isto também pode ser aplicado às organizações. A liderança deve reconhecer o equilíbrio correto das concepções organizacionais e estabelecer um equilíbrio com as decisões que têm de ser tomadas. As organizações e os líderes que estão predispostos a ir para os extremos devem pensar no que os espera. Uma boa liderança percebe a necessidade de equilibrar e levar a organização para a frente.

3. A viagem da alma em busca de conhecimento, o despertar de uma alma leva à descoberta de si própria, e então o indivíduo percebe que a presença da alma é percepcionada pela consciência.

4. O sucesso em todos os empreendimentos é alcançado como resultado do esforço;

esforço colocado na firme convicção de que o esforço humano sincero e sério nunca fica por cumprir. O sucesso não é alcançado por nunca se deparar com o fracasso. O fracasso é muitas vezes uma parte do sucesso.

5. Se quiseres estabelecer-te na concentração perfeita, tens de te aplicar persistentemente, não te permitindo uma única pausa". Só praticando incessantemente, com um interesse agudo e incansável, durante um longo período de tempo, é que se conseguirá estabelecer uma concentração profunda.

Agradecimentos:

Aproveito esta oportunidade para agradecer a todos os que me ajudaram a dar forma a este texto e ao Dr. C. N Narayana por me ter guiado no verdadeiro espírito, tanto pela iniciação à espiritualidade como pelas várias nuances da sua personalidade diversificada. Os meus agradecimentos especiais ao Dr. CN Narayana por ter analisado o texto e sugerido alterações sempre que necessário.

Gostaria também de agradecer ao Prof. Balaji Gopalan pela sua contribuição.

Referências:

Aldridge, M, Johnson, C, Stoltzfus, J et al 2003, 'Leadership development at 3M: New process, new techniques, new growth', *Human Resource Planning,* vol. 26, no. 3, pp.45- 55.

Bennis, W 2004, 'The seven ages of the leader', *Harvard Business Review,* vol. 82, iss. 1, pp.46-53.

George Manning, K. C. (2008). A Arte da Liderança (3ª ed.) . McGraw Hill/Irwin .

Gosling, J & Mintzberg, H 2003, 'The five minds of a manager', *Harvard Business Review,* novembro, pp.54- 63.

Northouse, P. (2013). Leadership: Theory and Practice, 6th ed. Londres: Sage Publications, Inc.137-158p.

Sankar, Y 2003, 'Character and not charisma is the critical measure of leadership excellence', *The Journal of Leadership and Organizational Studies,* vol. 9, iss. 4, pp. 45- 55.

Stewart, R. E. (2006). Developing Ethical Leadership. Business Roundtable Institute for Corporate Ethics.

Wademan, D 2005, "The Best Advice I Ever Got", *Harvard Business Review,* vol. 83, iss. 1, pp. 35 - 45.

Williams, LR 2004, 'The Leader as Entrepreneur', *Supply Chain Management Review,* vol. 8, iss. 2, pp.15-16.

http ://chidananda.org/

http ://www.swamichidananda.com/

yes
I **want** morebooks!

Buy your books fast and straightforward online - at one of world's fastest growing online book stores! Environmentally sound due to Print-on-Demand technologies.

Buy your books online at
www.morebooks.shop

Compre os seus livros mais rápido e diretamente na internet, em uma das livrarias on-line com o maior crescimento no mundo! Produção que protege o meio ambiente através das tecnologias de impressão sob demanda.

Compre os seus livros on-line em
www.morebooks.shop

info@omniscriptum.com
www.omniscriptum.com

Printed by Books on Demand GmbH, Norderstedt / Germany